트라우마

시·화·집

트라우마

김태 시 │ 김태영 그림

시시울

이 글과 그림이

어디선가 참고가 되고

누구에겐가 도움이 되길 빕니다

차례

트라우마 · 1 ······ 09
트라우마 · 2 ······ 10
트라우마 · 3 ······ 13
트라우마 · 4 ······ 17
트라우마 · 5 ······ 18
트라우마 · 6 ······ 21
트라우마 · 7 ······ 26
트라우마 · 8 ······ 29
트라우마 · 9 ······ 34
트라우마 · 10 ······ 42

12월 겨울······44
타인······51
마음은······52
비밀······58
늙은 용병의 죽음······62
어떤 어부의 편지······69
사과······76
모과······78
감정은······81
파라노이아······83
절주······86
선물······89
저녁 바다에서······90
벽 속의 황제······93

트라우마·1

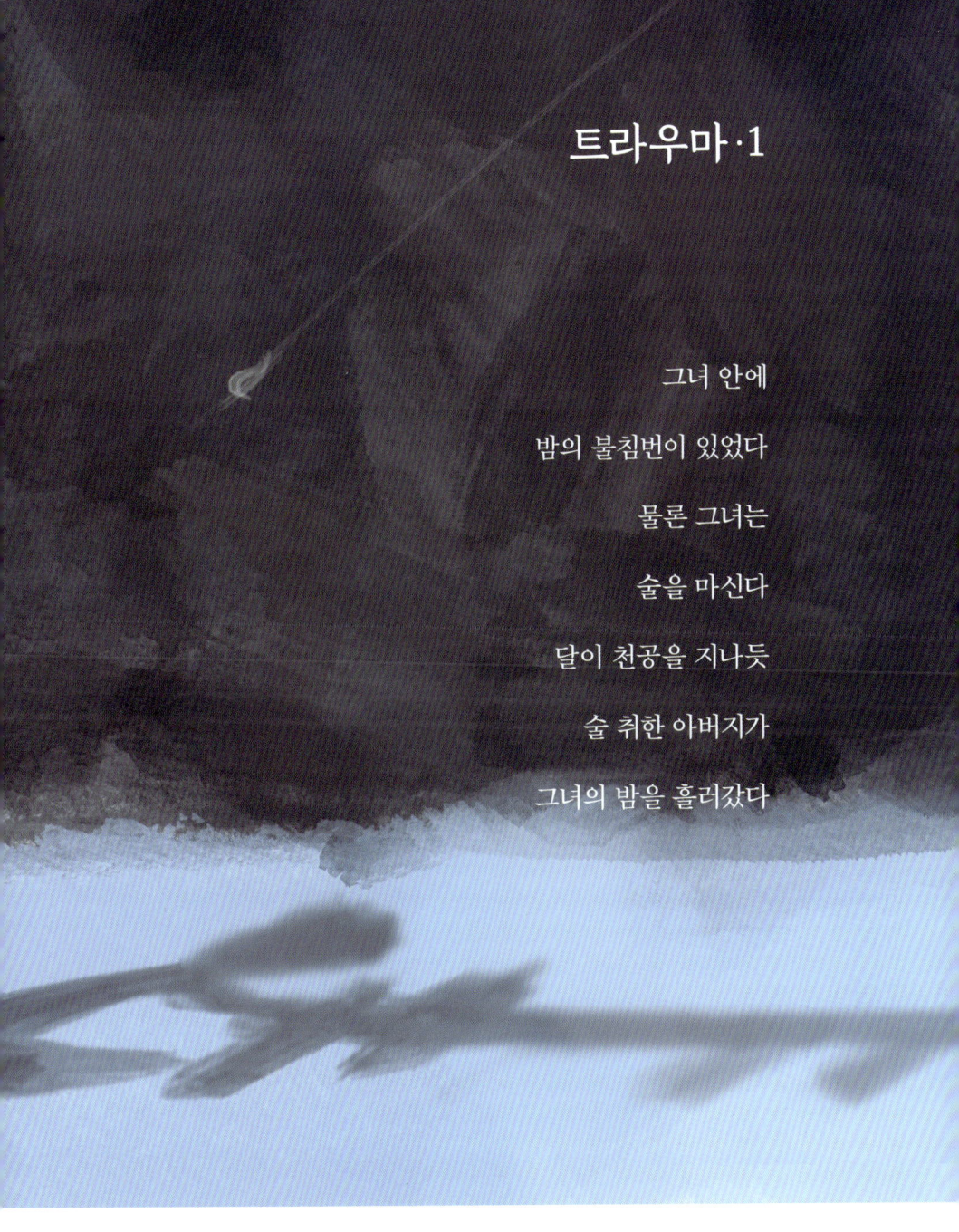

그녀 안에

밤의 불침번이 있었다

물론 그녀는

술을 마신다

달이 천공을 지나듯

술 취한 아버지가

그녀의 밤을 흘러갔다

트라우마·2

내 마음 속에

판도라의 상자가 있어요

당신이 그걸 물으면

긴 악몽의 밤이 열립니다

트라우마 · 3

왜
잔인한 그림을 그리느냐고요?

왜
칼로 손목을 긋느냐고요?

왜
죽음을 시뮬레이션하느냐고요?

왜
온전히 기억하지 못하느냐고요?

왜
웃고 연애하고 살아가느냐고요?

트라우마 · 4

성난 얼굴로

그대 사랑을 찾네

성난 눈빛으로

그대 사랑을 기다리네

트라우마 · 5

머물지 마라

      매순간 좋은 이별이다

            매순간 깊은 체념이다

그렇게 남은 사랑이 아름답다

트라우마·6

1.

내 나이 열다섯 때

그 사람은 나를 끌고

산으로 갔지요

한겨울에는

저수지 얼음 위로 데려가

꽝꽝 발을 굴렀어요

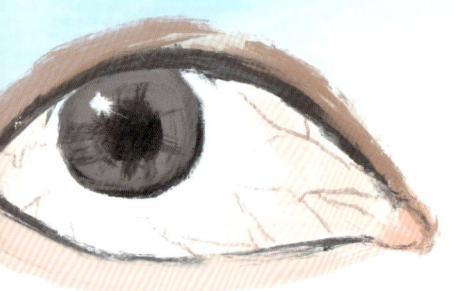

2.

그 여자는 그 일이

그냥 혼난 일 정도래요

난 밤이면 방문을 잠갔어요

그 사람, 그 여자

제 호칭이 불편하시다고요?

그럼 부모님이라고 부를게요

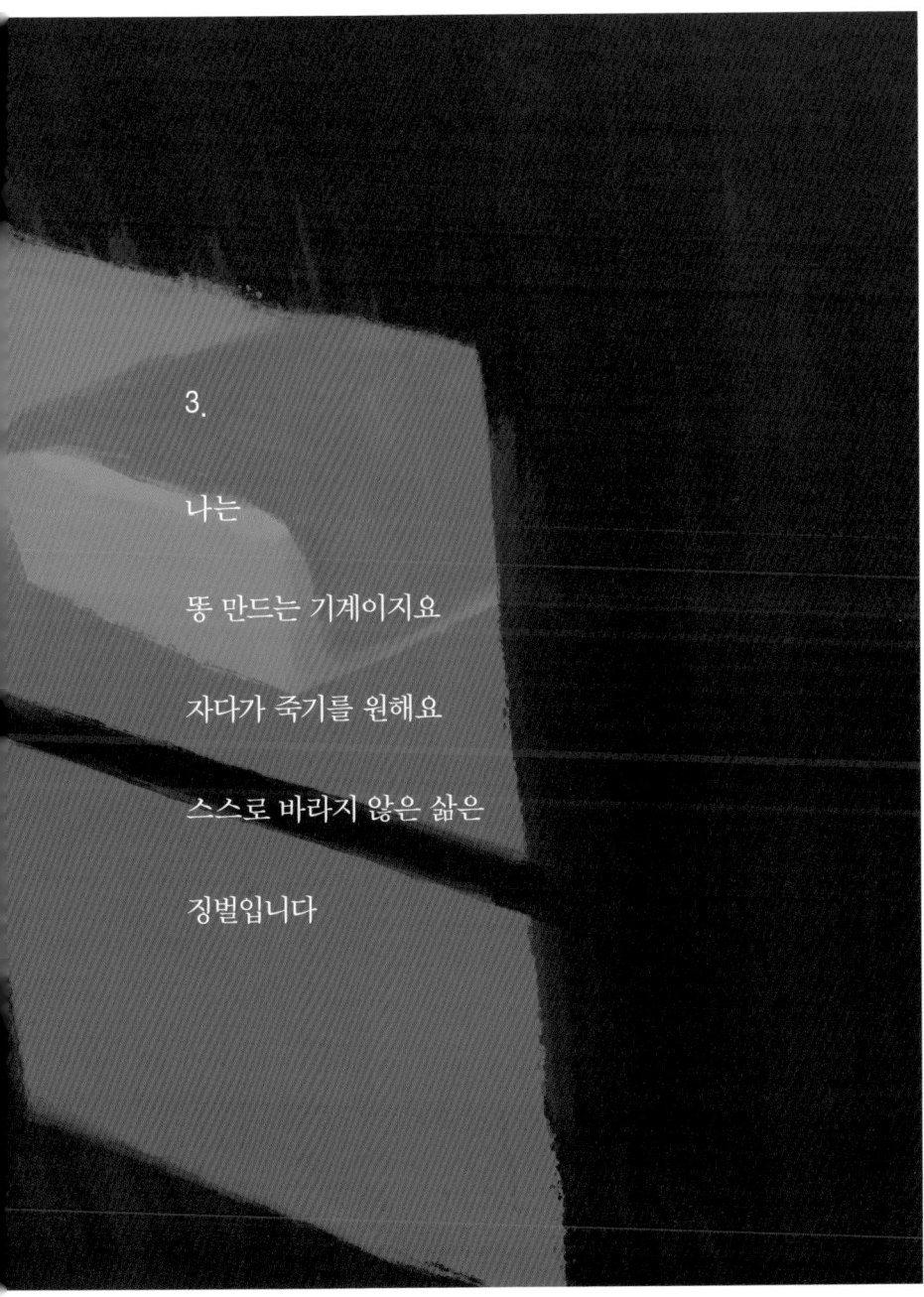

3.

나는

똥 만드는 기계이지요

자다가 죽기를 원해요

스스로 바라지 않은 삶은

징벌입니다

트라우마·7

옛집으로 가는
사내가 있네

아버지의 날선 힘
달 그림자 도둑같이 들던 밤에
떠나기를 꿈꾸었던 곳

사내는 아픈 몸
이제 떠돌던 공포를
늙은 아버지의 골방에 눕히네

트라우마·8

그대의 말을 듣고
그대 안의 불안과 공포의 뿌리를 보고
수시로 진땀을 흘리며 정신을 놓을까 두려워하는 그대를 보고
사랑이 그대를 불심 검문하네, 라고 나는 쓴다

사랑은 그대 안에서 숨바꼭질하며
별 의학적 증거도 없이 그대의 온몸을 아프게 하고
그대를 매일 밤 불면의 밤으로, 밤으로 떠밀어 넣으며
때로는 길바닥 돌부리가 되어 방심한 그대를 넘어뜨리므로
사랑이 그대를 불법 체포하네, 라고 나는 쓴다

그대가 아버지의 인정을 바라면서
한편으로 아버지의 이기심과 포학함을 비난할 때
모든 아버지는 사랑이라고 말할 수 있으므로 사랑이어야 하므로
그대가 사랑을 불심 검문하네, 라고 나는 쓴다

그러나 늙고 고집 센 아버지는 그대를 수용할 생각이 없는 듯하니
매일이 불편하고 멸시와 적대의 감정은 그치지 않으며
그대는 아버지와 험한 말과 육체의 힘으로 맞서게 되므로
그대가 사랑을 불법 체포하네, 라고 나는 쓴다

이 모든 사랑, 이 모든 불법이 오래되고 어찌할지 막막한 느낌이라

또 사랑이 아니라 증오라고 쓰기도 마땅한 느낌이 아니어서

이렇게 마지막 줄을 쓴다

더러운 사랑이다, 더러운 사랑이다

트라우마 · 9

초등 때
남자애들이 나를 만졌어요
나는 하찮은 여자애였지요

중학교 때
길에서 걔들과 인사를 나눴어요
겉으로 나는 아무렇지도 않았지요

고교 때
나의 마음은 붕 떠 있었어요
나는 마음을 잃은 인형 같았지요

대학 때

관심을 고백하는 남자에게서 도망쳤어요

좋았던 마음은 나중에 떠올렸지요

그 후

화장하고 나를 꾸미기가 부끄러웠어요

꿈은 담배 연기 속에 흐트러졌지요

소외의 세월

가족들은 나를 내쫓았어요

나는 완전한 나를 그리며 떠돌았지요

나의 몸과 마음은

낯선 것들이 넘나드는 싸움터가 되었어요

트라우마 · 10

오, 내가 세상의 중심이네?
모든 사람이 다 그렇네?

오, 우리는 서로 다르지 않네?
우리는 하나였네?

12월 겨울

언제 떠나도

이상하지 않아요

유서를 썼어요

너무 슬퍼하지 말라고

초6때 처음
죽음을 암시했어요
잔인한 시와 피 흘리는 그림에
귀여움을 덧입혀 SNS에 올리고
열렬히 관심을 바랐어요
책과 컴퓨터와 외로움의 방에서
마법을 꿈꾸고 망상을 하며
나는 학교에 다니고
성년이 되었어요

애정결핍일까요
참 하찮아 보이는 나인데
때론 세상의 전부 같아요
문득 텅 빈 듯 공허해지면
빈 방에서 빈 방과 함께 울지요

이 시에는 자해와 삶의 끝을 상상하는 마음이 담겨 있습니다. 공감과 슬픔으로 마음이 아플 수 있습니다. 그 마음이 견디기 어려울 때는 신뢰할 수 있는 가까운 이나 상담자의 도움을 받으세요.

| 정신건강 상담전화 **1577-0199**
| 생명의 전화 **1588-9191**

타인

타인은
비수다
그의 말
그의 손짓
그의 몸짓에
얼마나 많이
베이는가

나는 또
얼마나 많이
베었는가

마음은

마음은 방랑자입니다

아무 데나 가고

아무 데나 머뭅니다

당신의 손길이 필요합니다

마음은 부랑아입니다   아무 것이나 먹고   아무 말이나 하며

아무 짓이나 합니다   당신의 눈길이 필요합니다

마음은 무산자입니다 가진 것 없고 갈 곳 없으며

언제나 쉬지 못합니다   당신이 필요합니다

비밀

어둠 속 뜬 눈의 그대

자비 없이 또 해가 뜨네

은밀했던 옛 열락은 어둠에 물든 헛그림자였던가

그대 비밀의 은총으로 죄악의 문을 열고

감춰진 골목 기쁨의 방으로 옷 하나 걸치고 달려가곤 했으나

남자의 미친 사랑이 은총을 깨버렸지

미쳐버린 사랑……

통속의 극장에 그대의 이야기가 걸리고

사람들은 찻집과 거리에서 그대의 사랑을 이야기했지

낮은 음성으로 사랑의 부재를 증언하며 웃음을 섞는 그들

삶은 싸구려 극장에서 흐린 욕망에 불을 밝히는 것이니

불면의 못질이 사방 어둠을 쾅쾅 내리찍는 밤에

그대가 쉬고 잠들 비의의 방은 어디일까

늙은 용병의 죽음

전장을 일터로 살아온 당신은
로라제팜 중독자
이제 진료실 밖 대기실에서
당신의 기척은 들리지 않네

늙고 굽은 당신은 말했지
육척장신의 푸르던 군인 시절
상관을 때려눕혔던 분노의 한순간을
바다를 건너 떠나야 했던 그때

하지만 이제 당신은

늙고 병든 로라제팜 중독자

고독과 불면 그리고

해열과 진통을 위해서 로라제팜을 삼키는

늙고 외로운 약물 중독자

약물은 당신 삶의 연료였네

약물을 얻으려 당신은 내게 찾아와

거짓과 변명의 말을 무성히 했고

나는 무연한 바람처럼 흘려들으며

약물의 숫자를 헤아렸지

일초인생이었다고 했지
순간에 죽는 목숨
강대국 용병으로 한 움큼 약물을 삼키고
사막과 정글을 내달렸다던 당신의 이야기엔
파괴의 꿈이 넘실거렸지

언뜻 고백도 했어
무기와 폭약보다도
약물을 소중하게 챙겨 출동하곤 했다던
전장의 무자비했던 기억과 죄책감
그러나 끝끝내 부인하던 공포와 두려움

나는 의심했어
이런 거짓말쟁이
자신의 노쇠도 모르는 허풍선이
지난 전쟁을 핑계로 약물을 콩알처럼 삼켜대는
오직 더, 더 많은 약물만을 노리는 약물 중독자

당신은 간곡한 말투로 말했지
"자그마한 동정
자그마한 친절 말고
인간에게 중요한 게 뭐가 있습니까?"

탄피처럼 작고
알약처럼 사소한 삶
나는 팔뚝에 흐르는 피를 처매듯
침묵으로 의심을 처매고
당신의 양식을 처방했지

그런데 마침내
죽음은 모든 것의 끝일까?
내 기다림의 끝일까?

당신은 마지막 힘을 다해 병원 앞 계단에 도착했지
계단 오를 힘이 없어
병든 검독수리처럼 계단 앞에 쭈그리고 앉은 당신은
자문했지 "내가 어쩌다 이렇게 됐지?"

아하, 당신에겐 돌볼 이도
당신의 의혹에 대답해줄 사람도 없었네
사회복지사가 당신의 마지막을 거두었고
나는 먼 젊은이 하나 뒤늦게 찾아왔다는 소식을 들었네

이제 진료실 밖 대기실에서
당신의 기척은 들리지 않네
때로 삶의 무서운 허무함만이
당신의 기척으로 내 마음을 찾아오네

어떤 어부의 편지

나는 매일 그물을 걷는 어부라네. 밤이면 어둠 속에서 그물처럼 숭숭 뚫린 마음을 깁고 멀고 깊은 바다에서 헤엄치는 키다란 물고기들 꿈을 꾼다네. 해가 뜨면 나는 병원과 은행, 가게를 순례하는 사람들이 슬슬 흘러다니는 저잣거리로 출항하지.

나는 구멍 숭숭한 그물을 거리에 내려 시중의 말과 돈을 걷어 올리네. 정신건강의학과라는 상호…… 좀 수상쩍지 않은가? 무엇이 정신건강인가? 오랫동안 그런 어부로 살아왔네만 혹 사는 것은 알츠하이머병 노인의 흐린 눈빛처럼 내 안의 무언가가 자꾸만 꺼져가는 과정 아닐까?

오늘은 뚜렛으로 경련하는 앳된 처녀의 얼굴을 차마 정면으로 마주보지 못했네. 그렇듯 마주하기 힘든 것들이 있네. 내 안의 무엇도 그럴 것이네. 그것들을 모두 시원히 마주하여 내 부끄러움을 남김없이 사랑할 날이 올 수 있을까?

내가 마지막으로 기뻤던 것은 언제였을까? 이제 나는 해지고 낡은 그물처럼 노련해져서 세상을 더 잘 안다고 느끼네. 선량한 이들이 숨긴 죄와 죄 지은 이의 선량함을 안다고 느끼네. 그러니 나는 누구를 미워하며 누구를 사랑해야 하는가?

때로는 너무도 심한 악행의 뉴스를 듣게 되지 않던가? 그럴 때 그 악행을 저지른 자도 한때는 작고 귀여운 아이였을 것임을 생각해 보지 않았나? 그 악행의 시작도 처음은 아주 사소했을 것이라고 생각하지 않았는가? 대체 사람은 무엇으로 성장하며 무엇으로 인해 변해가는 것일까?

생각해 보면 세상은 돈 때문에 평안하고 돈 때문에 불안정한 것 아닐까? 돈은 인간보다 나은 척도가 아닐까? 돈 아닌 곳에서는 권위가 더 심한 악취를 풍기고 있지 않던가?

삶이 수상쩍어졌네. 지금 내 가슴에 남은 것이 메마름인지 지혜인지 모르겠네. 젊음이 흘러가버렸네. 낡은 거리 길목에서 꺾어져 사라지는 버스처럼 모든 것이 짧은 일별만 남기고 사라진 듯하네.

나는 나의 작은 어둠 속에서 스스로에게 묻고 있네. 무엇으로 살아 왔는가? 무엇으로 살아갈 것인가? 이대로 살아갈 수 있을까?

깊은 밤이네. 잘 자게. 내겐 잠을 위한 약이 있어야겠네. 지금 나는 그저 한없이 더 낮아져야만 하겠다고 생각하고 있네. 달리 어떻게 삶의 진실에 다가갈 수 있겠는가?

해가 뜨면 나는 다시 시중의 말과 돈을 건어올리려 출항할 거라네.

사과

저 탄탄히 여며진 과육을 보아

스물에 그리워했던 매무새 단정한 숙녀가

이렇게 조용히 가을의 상자에 담겨

사과인 듯 내 마음에 다가올 수 있을까

모과

저녁 어스름

길이 흐려지는 숲가에

모과 한 알 가뭇가뭇

갈 여름 익은 만큼

매달려 있네

감정은

내 감정은

내가 선택하여 산다

오오 이 자유

파라노이아

아내가 외출한 거리에

아침부터 비가 내리고

옛날이라면 창밖 젖은 길을 보며

담배라도 한 대 피워 물을 시간

당신은 담배도 끊고

덩그마니 창가에서

아내를 생각합니다

아무도 묻지 않지만

무엇을 사랑하며 산 걸까요

오래 살아온 집과
오래 함께한 아내
분가한 딸과 아들이 있으나
딸과 아들은 이제 남인 듯 멀고
아내는 언제부턴가
아침이면 늘 외출을 서둘러서
집안 온기는 오래된 마루처럼
낡은 흔적으로나 남아 있으니
당신은 라면 하나 끓여 먹을 정도의
빈 냄비처럼 가벼워졌는데
아니 가벼워져야 하는데
정말 부정일까요

마을 통장이 던진 말과
아내의 낯선 거동
아내는 미심쩍게 외출하고
그 시간, 당신의 염탐에 따르면
행방이 묘연한 마을 통장
당신의 마음은
바람맞는 창문처럼 덜컹거리고
아내가 벗어둔 옷에서
아내의 보이지 않는 옷에서
아내의 음욕이 귀신인 듯 일어나
의혹과 질투로 혼미한 마음
당신은 빗속을 나섭니다
장고를 배우러 간 아내
아내를 추적하러

절주

사는 게 허황했음을 잊을 때
더는 술을 마시지 않겠다
사는 게 좀 더 안타깝고 무서운 것임을
잊게 될 때 친구여
젓가락처럼 집어들 그런 다짐을
이제는 술잔 곁에 놓아두어야겠다
술 권하는 손을 멈추고
가만히 우리 지나온 길을 가보자
그대 먼빛의 눈으로 함께 가보자

선 물

내가 내게 줄 것은 잠뿐이니

몇 퍼센트 효과가 더 좋아졌다는
신약 항우울제를 소개하는 정신의학 세미나에서
나는 탁자 위 희게 번득이는 물잔을 바라본다
나는 지금 막 어두운 밤거리를 헤쳐 왔다
그전엔 어느 청년의 고독한 이야기를 들었고
만성의 알코올 중독자를 상담했으며
살인자의 충동과 －무감각하거나 혹은 냉혈적인－
우연히 그를 마주친 무고한 사람의 운명에 대해 들었다
그러므로 바깥 거리보다 더 어둡고 황망해진 나는
모퉁이를 돌고 돌아 지나간 거리를 잊고 왔다
이제 마주한 저 물잔처럼 나의 마음엔
풍문처럼 헛된 기억만이 희번득일 뿐

내일을 위해
그 어떤 깊은 믿음보다
나는 깊은 잠을 권한다

저녁 바다에서

달의 인력은
어둠 속 바다를 뒤척이게 하듯이
우리를 꿈으로 뒤척이게 하는 것 아닐까?

때로 달의 인력은
거친 꿈을 한낮까지 몰아와
우리의 마음을 물들이는 것 아닐까?

저 머나먼 별빛
호기심은 어느 별의 신호이기에
우리는 아득한 밤하늘을 응시하는 것일까?

시간은 발밑에서
짧은 거품으로 흩어져 간다

헤아릴 수 없는 별빛과
오랜 파도의 추억은
우리 어디에 남은 것일까?

벽 속의 황제

애초에 그의 꿈이 황제였는지 모른다, 그러나
사업에 실패한 비디오 기사였던 그는
노숙에서 노숙으로 서울과 지방을 떠돌며
그를 실어나른 밤의 기차처럼 고고하게
보이지 않는 제국을 마음에 그렸던 것이다
그리하여 모두 잠들거나 바쁜 사이
그는 불충한 파출소를 부수고 교도소를 부수고
대법원 경비실을 부수었다
이제 서류 몇 장 딸려 정신병원에 온 황제
그는 거만하게 주변을 하대하였고
식판 가에 국물을 흘린 배식자에 분노하다가
마침내 사방이 벽뿐인 보호실에 격리되었다
황제의 망상과 폭력이 세상에 그의 것뿐일 것인가

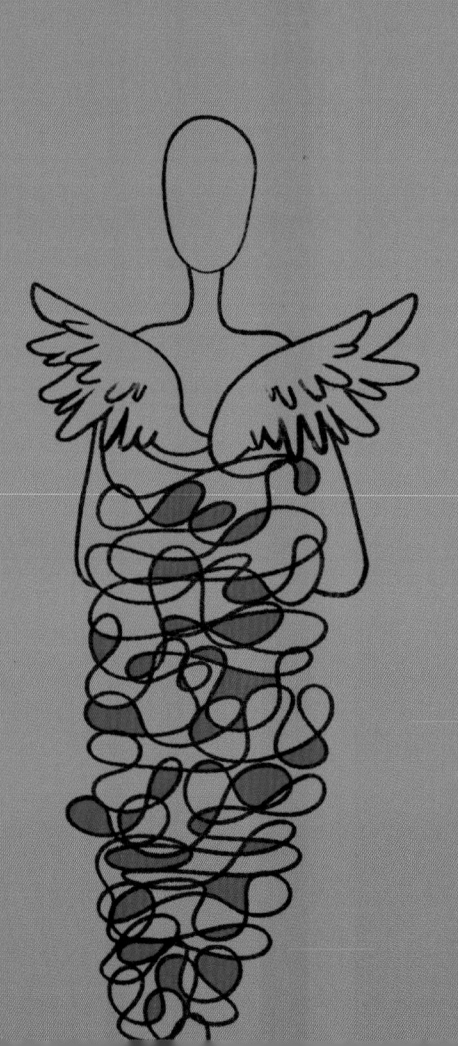

트라우마
2025년 8월 1일 초판 1쇄 발행

지은이_김태 · 김태영
펴낸이_정환정
펴낸곳_도서출판 시시울
등   록_제364-1998-000008호
주   소_대전시 동구 대전로 867번길 52
　　　　한밭오피스텔 407호
평생전화_0505-333-7845
전   송_0505-815-7845
전자우편_sisiwool@naver.com

값 12,000원
ISBN 979-11-89732-79-0 03810

ⓒ김태 · 김태영 2025

*이 책 내용의 전부 또는 일부를 재사용하려면 반드시
　지은이와 시시울 양측의 동의를 받아야 합니다.